AF316261

DES INDEMNITÉS

DUES

A LA PROPRIÉTÉ PRIVÉE

PAR SUITE DE LA GUERRE

PAR

A. VINCENT

Avocat à la Cour d'appel de Paris

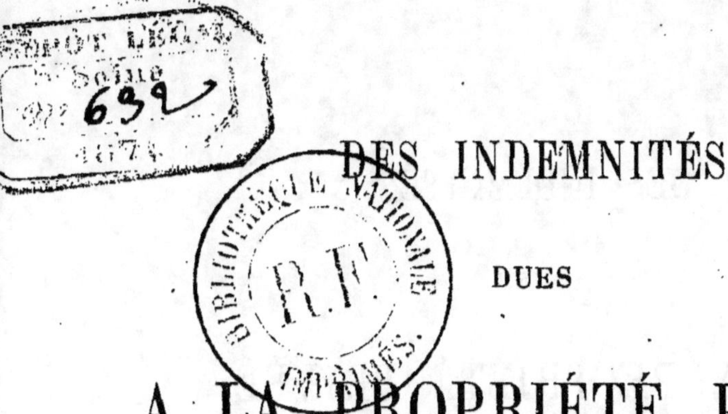

PARIS

LACHAUD, LIBRAIRE-ÉDITEUR

4, PLACE DU THÉATRE-FRANÇAIS, 4

1871

DES INDEMNITÉS

DUES

A LA PROPRIÉTÉ PRIVÉE

PAR SUITE DE LA GUERRE

***

Au moment où la France vaincue se recueille au milieu de ses désastres, et où, en considérant les causes qui les ont amenés, elle cherche à mettre un terme à ses malheurs, et à les réparer dans ce qu'ils ont de réparable, c'est l'heure pour nous tous de jeter un regard sur les ruines de toutes sortes que la guerre a accumulées autour de nous. Ces ruines, qui s'étendent sur une trop grande partie de notre pays, naguère si beau, atteignent à la fois deux intérêts : l'intérêt social et l'intérêt privé. Si la fortune de l'État a été cruellement éprouvée, si les villes envahies ont dû trop souvent payer à un vainqueur orgueilleux et cruel des sommes exorbitantes, la fortune des particuliers n'a pas été épargnée. Est-il besoin de rappeler nos campagnes ravagées, les habitations dévastées par le passage d'une soldatesque que sa discipline ne rendait que plus sauvage, les maisons ravagées et détruites par suite des fureurs des combats et des cruelles nécessités de la guerre ? Si de semblables horreurs ont été épargnées aux habitants de Paris, n'ont-ils pas vu ceux des environs fuir devant l'invasion ? Tous ces villages qui entouraient Paris, autrefois si riants, que sont-ils devenus? Occupés par l'ennemi ou par nos avant-postes, mornes et tristes aujourd'hui, jusqu'à quel point ont-ils été atteints par les ravages de la guerre ? Nous ne le savons pas encore d'une manière complète; mais, ce qui est certain, c'est que tous ils ont été atteints et que les dégâts sont considérables. Et Paris lui-même, n'a-t-il pas été bombardé pendant près d'un mois? Est-ce que les projectiles, qui, passant au-dessus de ses murs, venaient frapper dans leurs lits jusqu'aux femmes et aux enfants, respectaient la propriété privée? Est-ce que des maisons tout entières, dans certains quartiers, ne se sont pas écroulées sous les coups des obus et des bombes?

L'Assemblée que le pays vient d'élire, et à laquelle est donnée la redoutable mission de réparer le passé et d'assurer dans l'avenir la régénération du pays, n'aura-t-elle rien à faire vis à vis de tous les désastres qui ont atteint la fortune privée? Rien n'est-il dû à ceux qui ont été frappés dans leur propriété ? Suffira-t-il d'un secours hors de proportion avec le désastre, et distribué aux particuliers lésés comme aumône que l'humanité fait accorder aux victimes d'un malheur dont personne ne saurait être responsable? Ne faut-il pas aller plus loin ? Les particuliers lésés n'ont-ils pas vis à vis de l'État DROIT à une indemnité? L'Assemblée nationale, faisant les comptes de cette triste guerre, ne devra-t-elle pas enregistrer, à côté des pertes éprouvées par la fortune publique, celles de la fortune privée?

Si l'Assemblée devait suivre les errements du passé et cette maxime qui nous a été si funeste : « que l'intérêt privé doit être sacrifié devant l'intérêt public, » il ne serait pas nécessaire de poser la question. Mais pour nous, qui croyons que l'Assemblée comprendra sa mission régénératrice, qu'elle voudra asseoir la justice au sommet de l'édifice social, et que toujours, s'inspirant des notions du juste, elle les fera dominer au-dessus des considérations d'intérêt qui, si souvent, nous ont égarés, nous croyons utile de nous demander si vis à vis de la société, auteur et partie dans cette néfaste guerre, les particuliers lésés dans leur propriété n'ont pas un droit?

Intérêt social, intérêt privé, tous deux sont également respectables, mais entre eux et au-dessus d'eux il y a le droit, et c'est le droit que nous voulons interroger !

I

A ne considérer que les idées de morale et de justice qui doivent désormais diriger la conduite de nos législateurs, il est certain qu'une indemnité est due à tous ceux dont la propriété a été atteinte par les ravages de la guerre. L'humanité seule leur ferait un devoir de ne pas laisser retomber ainsi sur quelques particuliers la charge d'une calamité véritablement sociale, et l'on ne saurait examiner sans pitié le triste sort de propriétaires complétement ruinés (hélas! il en est plus d'un dans ce cas) par suite des fureurs d'une guerre dont ils ne sont point les auteurs.

Mais ce ne sont point seulement des considérations d'humanité qui doivent décider la question, mais la justice, mais les principes écrits d'une manière générale dans notre législation positive elle-même.

Sans doute cette législation ne renferme aucun texte spécial qui tranche la question d'une manière formelle. S'il en était ainsi, toute discussion ne serait-elle pas inutile : les propriétaires lésés auraient-ils autre chose à faire que de se présenter devant nos tribunaux, apportant d'une main la preuve de leurs désastres et de l'autre le texte de la loi?

Mais en l'absence d'un texte spécial, les principes n'en sont pas moins posés, et de ces principes nous avons le droit de déduire toutes les conséquences.

I. En matière administrative, l'égalité de l'impôt est un principe aussi incontesté qu'incontestable. L'impôt doit frapper sur tous les citoyens dans une égale proportion.

Sans doute, toutes nos lois n'ont pas atteint ce but; il existe encore aujourd'hui des impôts dont la proportionnalité peut être justement contestée; mais il n'en est pas moins certain que la proportionnalité de l'impôt a été toujours le but recherché par le législateur, et que les lois mêmes qui s'en sont le plus écartées dans ses conséquences n'en ont pas moins affirmé le principe.

Or, qu'est-ce que la guerre, sinon un impôt, impôt sanglant et odieux, impôt maudit qu'à de certains moments l'État prélève sur ceux qui le composent? Pourquoi dès lors cet impôt pèserait-il en ce qui concerne la propriété privée sur cette seule partie du territoire que l'on appelle le théâtre de la guerre et où se jouent les destinées de la patrie tout entière? Est-ce que, alors qu'il s'agit de la vie des citoyens, l'impôt ne pèse pas également sur tous, quelle que soit la partie du territoire qui les ait vus naître, quel que soit le pays où ils aient fixé leur résidence?

II. Si des principes du droit administratif nous passons à ceux du droit civil, nous en arrivons également à cette conséquence, qu'une indemnité est DUE à ceux qui, par suite de la guerre, ont souffert dans leur propriété.

« Nul ne doit s'enrichir aux dépens d'autrui. » Ce principe, pour n'être formulé nulle part dans notre Code civil, n'en est pas moins incontestable et incontesté; et les conséquences, du reste, s'en font manifestement sentir dans un grand nombre d'articles de notre loi positive (art. 555, 566 et s., 1375, 1379, etc.).

Si nous appliquons ce principe à notre espèce, que voyons-nous ? L'État qui s'est servi pour ses besoins de la propriété privée. Si les obus prussiens ont détruit la propriété des particuliers, ce n'était pas à cette propriété qu'en voulait l'ennemi, c'était l'État français qu'il voulait atteindre en le renversant. Si, d'un autre côté, ce sont nos armées elles-mêmes qui, pour les travaux du génie, ont porté la main sur la propriété privée, combien alors n'en est-il que plus évident que la destruction de cette propriété ait servi à son intérêt ? Il s'enrichirait donc (car celui-là s'enrichit aux dépens d'autrui, dans le sens de la loi, qui se sert du bien d'autrui dans son intérêt, que ce soit pour éviter un mal ou pour s'attirer un bien), il s'enrichirait donc aux dépens des particuliers, s'il leur refusait une indemnité qui compensât le mal qu'il leur a fait souffrir.

III. Un autre principe, celui-ci consacré par un texte précis de notre législation positive, est celui-ci : « TOUT FAIT QUELCONQUE DE L'HOMME QUI CAUSE A AUTRUI UN PRÉJUDICE, OBLIGE CELUI PAR LA FAUTE DUQUEL IL EST ARRIVÉ A LE RÉPARER. »

Principe incontestable, texte formel et d'une absolue généralité. En vertu de ce principe, l'État, auteur de la guerre, devient responsable de ses conséquences. Qui se serait enrichi si la guerre avait été heureuse ? L'État. Qui doit en supporter les malheurs ? L'État.

Mais, dira-t-on peut-être, le principe de la responsabilité de l'art. 1382 est une faute ? Eh bien ! est-ce que le principe du préjudice causé à la propriété privée n'est pas une faute, une faute incontestable ?

Si l'on a pu dire avec quelque apparence de raison que

la guerre était toujours une faute chez celui qui la provoquait, quelle faute n'a pas été commise par l'État quand il a déclaré cette guerre effroyable et déchaîné avec elle sur notre pays la ruine et la dévastation? Entreprise sous le plus frivole prétexte que jamais l'on ait vu, inspirée par le désir de consolider une dynastie chancelante, approuvée par une majorité de courtisans et de corrompus, commencée sans rien de ce qui assure le succès, avec tout ce qui fait prévoir les défaites, qui oserait dire que cette guerre n'ait été une faute, une faute grave ?

Cette faute, le pays tout entier n'en saurait décliner la responsabilité. Sans doute, c'est l'Empereur qui l'a voulue, qui l'a déclarée. Mais l'Empereur, c'était le chef supporté, accepté même du pays. Cette majorité imbécile ou vendue qui nous lançait à la légère dans cette épouvantable guerre, qui l'avait nommée? Le pays. C'était encore le pays qui, quelques mois avant la déclaration de guerre, accordait plus de 7,000,000 de suffrages à l'homme qui avait écrit dans son passé Strasbourg, Boulogne, le 2 décembre, et qui devait inscrire dans nos annales les noms de Beichopsen et de Sedan !

L'État qui a à s'imputer d'avoir souffert la guerre, de l'avoir laissé déclarer par des mandataires infidèles, est donc responsable de ses conséquences et, en l'espèce, des dommages qu'elle a apportés à la propriété privée.

IV. Pour repousser les conséquences qui découlent ainsi des principes reconnus par le législateur lui-même dans les textes positifs de nos lois administratives et civiles, que peut-on opposer?

Le droit des gens? On en parle souvent, surtout pour consacrer et justifier une injustice; mais c'est l'ensemble des règles et des principes qui découlent des traités et qui

régissent les rapports des nations entre elles. Cette défini-
tion seule suffit pour prouver qu'il ne saurait avoir trait
à notre espèce.

L'habitude? Jamais on n'a indemnisé les particuliers
dont la propriété avait été détruite par la guerre. Est-ce
donc une raison pour que l'on n'indemnise pas; ce qui n'a
pas encore été fait ne peut-il pas se faire?

Opposerait-on au droit incontestable des particuliers
cette vieille doctrine de notre ancien droit, qui assimilait
à un cas de force majeure tout ce qui arrivait par la volonté
du prince et privait ainsi d'indemnité les particuliers victimes de ses actes? La guerre, acte du prince, jouirait-elle,
dans quelques esprits, de cette sorte d'immunité? Pour
nous cela est impossible. Cette maxime pouvait être logi-
que alors qu'il n'y avait en France qu'un maître tout-puis-
sant et des sujets sur lesquels on pouvait prélever à pro-
fusion toutes sortes d'impôts et dont la vie et les biens ne
semblaient appartenir qu'au roi. Aujourd'hui il n'en est plus
ainsi. Tous, du plus grand au plus petit, sont responsables
de leurs actes. Le peuple souverain lui-même n'échappe
pas à cette responsabilité. Responsable de ses actes, il est
aussi, par voie de conséquence, responsable des actes de
ceux qu'il place à sa tête.

II

La nécessité d'accorder une indemnité aux propriétaires
victimes de la guerre est telle qu'elle a apparu, pour ainsi
dire, d'elle-même, et que sa justice a été reconnue par tous
les partis. Au lendemain de nos premiers désastres, dans le
cours du mois d'août 1870, alors que la Lorraine et l'Alsace

venaient d'être envahies, des pétitions furent adressées au
Sénat, tendant à ce que les habitants de certains pays en-
vahis fussent indemnisés par l'État, et y furent favorable-
ment accueillies.

D'un autre côté, des hommes qui certes ne peuvent être
accusés de communauté ordinaire d'idées avec les membres
du Sénat, reconnaissaient également le droit des propriétaires. Vers la fin du mois de septembre ou le commencement
du mois d'octobre, le journal *le Rappel*, s'appuyant sur l'i-
dée de solidarité qui doit unir tous les citoyens d'une république une et indivisible, demandait que tous les dommages que la guerre avait et devait apporter aux propriétés
privées fussent mis à la charge de l'État.

III

Cette indemnité, commandée par la justice, par les principes de notre droit positif, réclamée lors de nos premiers
désastres par les partis les plus opposés, on élèvera certaine-
ment, pour la repousser, des considérations que l'on rougi-
rait d'invoquer s'il s'agissait d'un particulier, mais qui, il faut
bien l'avouer, ne manqueront pas d'exercer une trop puis-
sante influence. Comment, dira-t-on, mettre à la charge de
l'État une dette si considérable que le serait le montant de
toutes les indemnités dues à la propriété privée, alors que
la fortune de l'État est si compromise et qu'une dette considérable va s'ajouter à celles du passé ? C'est toujours la
même idée à combattre alors qu'il s'agit de l'État : faire
prédominer l'intérêt sur les principes de la justice. Cette
maxime, notre politique ne l'a suivie que trop longtemps,
et nous la pouvons juger par ses résultats. Puissent les

cruels événements que nous traversons, et dont elle a, en grande partie, été la cause, nous en avoir guéris pour toujours.

Sans doute, la charge sera lourde pour l'État ; mais que dirait-on d'un débiteur qui, sous prétexte que sa dette serait trop considérable, qu'elle serait hors de proportion avec ses ressources, refuserait de la payer et la nierait? Ce serait un malhonnête homme, et certes l'opinion publique n'est pas à ce point corrompue qu'elle ne flétrisse tout débiteur qui, pouvant payer, refuse de s'acquitter de sa dette. Or, l'État, sous peine d'être assimilé à un semblable débiteur, doit assumer cette lourde charge d'indemniser tous ceux dont la propriété foncière ou mobilière a souffert des fureurs de la guerre. Il le doit, car il le peut.

Que ce soit difficile, pénible même, nous ne le nierons pas ; il nous suffit que cela ne soit pas impossible.

(On pourrait d'ailleurs, outre que les tribunaux devraient être appelés à vérifier la créance des particuliers et que les seules réclamations sérieuses et légitimes devraient être admises, avoir recours à certaines combinaisons financières qui permettraient à l'État de se libérer plus facilement. Il pourrait, par exemple, avoir recours à un emprunt. On pourrait aussi faire supporter à la propriété foncière les indemnités attribuées à des propriétaires fonciers, et à la propriété mobilière celles attribuées à raison des dommages mobiliers.) Peu importe le moyen qu'emploierait l'État, il est certain que, s'il le veut, il peut payer les indemnités qui lui incombent. Les impôts qui pèsent sur nous tous d'une façon déjà bien lourde seraient aggravés, mais cela vaudrait mieux encore que de voir des particuliers complétement ruinés par suite d'une calamité imputable à tous et qui doit retomber sur tous.

Sans doute l'État est un débiteur placé dans une condition exceptionnelle vis à vis des particuliers. Il a pour lui la force. Il faut qu'il veuille payer, sinon les particuliers ne peuvent l'y contraindre. Mais de ce qu'il dépende de lui d'acquitter ou non sa dette, sa dette n'en existe pas moins, et plus il est puissant, plus il est nécessaire qu'il reconnaisse et paie ce qu'il doit.

Cette vieille maxime du philosophe romain, que « le juste et l'utile sont intimément unis, » est vrai pour les Etats comme pour les particuliers, aujourd'hui comme il y a dix-neuf siècles. Toujours un Etat doit suivre le sentier de la justice, et, en le faisant, toujours il suit ses véritables intérêts. Pour se convaincre de cette vérité, ne suffirait-il pas de considérer ce qu'il nous en coûte pour avoir oublié le devoir, pour suivre ce qui nous paraissait notre intérêt ?

En indemnisant les particuliers lésés dans leur propriété, l'État prend sur lui une charge, et, au premier abord, semble faire un acte contraire à son intérêt. Mais, d'un autre côté, il s'acquitte d'une dette, et, nous pouvons en croire la *sagesse des nations :* « qui paie ses dettes s'enrichit. »

La charge que s'imposerait l'État serait largement compensée par les avantages qui en résulteraient pour l'avenir.

Cette dépense faite par l'État ne serait pas inutile ; elle servirait à remettre en valeur des propriétés dont un grand nombre resteront autrement, sinon dans un abandon complet, au moins dans une sorte de demi-abandon. Ce que l'État aura dépensé pour acquitter sa dette lui reviendra sous forme d'impôts. La fortune privée est la source de la fortune publique. Que demander en effet à des propriétaires ruinés par la guerre ? Mais, si parce que l'État aura reconnu et payé sa dette, les propriétés ravagées ont pu reprendre leur valeur, au lieu d'avoir à accorder des dégrèvements, des secours inefficaces pour amener la remise en valeur, il pourra continuer la perception des impôts dont le rendement s'accroîtra avec la prospérité privée.

Et puis est-il quelque chose qui puisse davantage attacher les citoyens à leur patrie, exciter l'admiration des étrangers, que cette justice d'un État qui saurait reconnaître ainsi les dettes par lui contractées vis à vis de ceux qui le composent? L'attachement des citoyens, l'admiration des étrangers, encore là des causes de grandeur et de prospérité.

Enfin, la République, revenant une troisième fois parmi nous, y a rapporté sa belle devise où nous lisons ce mot : « fraternité. » Comment l'État affirmera-t-il mieux le principe de la solidarité qui doit unir tous les citoyens d'un même pays, qu'en faisant supporter à tous une part égale dans les malheurs du pays? Y a-t-il un meilleur moyen d'empêcher les citoyens de désirer la guerre que de faire participer chacun de nous à ses désastres et à ses calamités?

Quel sera le moyen à employer par les particuliers pour faire reconnaître leur droit à une indemnité? Devront-ils confier leurs intérêts à une ou plusieurs pétitions, et adresser leurs réclamations à l'Assemblée nationale elle-même ? Le recours devant les tribunaux serait-il, dans l'état actuel de notre législation, possible et efficace ? Ne risquerait-on pas en employant cette voie d'y rencontrer des fins de non-recevoir inattendues ? Graves et délicates questions que cette étude n'a pas pour but d'examiner.

Nous n'avons voulu qu'établir le droit des particuliers ; et il nous suffit, quant à présent, d'avoir démontré, ce que nous croyons avoir fait, que l'intérêt social se réunit aux principes d'équité que reconnaît notre législation positive pour imposer à l'Etat la réparation d'un préjudice dont il est responsable, réparation que nécessiteraient à eux seuls les principes de morale et de justice dont ne doit jamais s'écarter une nation, qui peut bien être victime des coups de la fortune et subir l'oppression de la force, mais qui, si elle veut, ne cessera jamais d'être la première des nations civilisées.

Février 1871.

Paris. — Imprimé par Ch. NOBLET, rue Soufflot, 18.

www.ingramcontent.com/pod-product-compliance
Lightning Source LLC
LaVergne TN
LVHW050430060726

842526LV00007B/2499